JAKOB ANDERHANDT

Abenteuer, Technik, Fortschritt

Aus den Lebenserinnerungen von Eduard Hernsheim

Das städtische Gymnasium hat er nicht gemocht. Hessische Beamte unterrichten dort mit Degen an der Seite und lehren tote Sprachen, denen er keinerlei Reiz abgewinnen kann. Die Philosophie der Anstalt, daß es sich besser läuft, wenn einem früh das Rückgrat gebrochen wird, geht gegen sein Innerstes. Bald bleibt er zurück, doch erst, als er sitzenzubleiben droht, zeigt der Vater ein Einsehen. Ab 1862 darf er die Gewerbeschule in Darmstadt besuchen, wo er sich auf seine Lieblingsfächer Physik und Chemie konzentriert.

Eduard Hernsheim, geboren am 22. Mai 1847 in Mainz, war nicht nur Kapitän der Weltmeere und Kaiserlicher Konsul für die Westliche Südsee, er war auch einer der wenigen deutschen Kaufleute, denen es in privater Initiative gelang, im Stillen Ozean ein Unternehmen zu gründen, das schwarze Zahlen schrieb. Im geistigen Hauptstrom seiner Zeit war Hernsheim ein Verfechter des Fortschritts und ein Befürworter von Technik.

Als der Vater 1863 überraschend stirbt, versiegt die Haupteinnahmequelle der Familie. Für Eduard, das jüngste der vier Kinder, erlischt die Möglichkeit, das Studium in Darmstadt fortzusetzen. Hernsheim wechselt in den Spessart nach Wasserlos, dem Gut eines Grafen Bentheim-Tecklenburg, wo er für ein Kostgeld von 600 Gulden pro Jahr eine Ausbildung zum Landwirt beginnt. Die Trauer über den Verlust des Vaters verfliegt schnell, denn der Aufenthalt auf Wasserlos ist ein idealer. In der reichlich bemessenen Freizeit durchstreift Hernsheim die Wälder, in langen Nächten durchstöbert er die Bibliothek des Schlosses auf der Suche nach geistigen Vorbildern. Eine Tante rät ihm zu Voltaire, Diderot und Rousseau, in deren Folge sich der Sechzehnjährige mehr als »Weltenbürger« denn als »Patriot« zu verstehen lernt. Der deutsche Sieg im Krieg gegen Frankreich 1871 läßt Hernsheim denn auch kaum

3

jubeln, sondern fordert noch im Rückblick seinen feinen Spott heraus:

Erst später ging mir das Verständnis dafür auf, was wir als Nation durch diesen Krieg und die ihm folgende Reichsgründung gewonnen hatten – und wie daraufhin jeder Deutsche gerade im Auslande das Recht und auch die Pflicht hatte, auf diese Errungenschaften stolz zu sein.

Anfang 1865 reist er zur Hochzeit einer Schwester nach Frankfurt, wo er mit einem Vetter aus Mexiko zusammentrifft, der in Südamerika reich geworden ist. Als dieser Vetter ihn auf die geringen Karriereaussichten im Spessart aufmerksam macht und zur Seefahrt rät, ist Hernsheim sofort zu einem neuerlichen Wechsel bereit. Schon während der Schulzeit hat er Edward Trelawnys Roman *Abenteuer eines jüngeren Sohnes*[1] gelesen, der ihn so sehr begeistert hat, daß er sich das Leben zur See seitdem nur noch als das »höchste Ideal des Glückes« vorstellen kann. Hernsheims erste Fahrt auf der Hamburger Bark *Ceres* gerät darum zu einer unvermeidlichen Enttäuschung – über den Charakter und Umgang einer Schiffsmannschaft, die in einem Heldenroman schwerlich vorkommen kann:

Mit einziger Ausnahme des Kapitäns war es eine traurige Gesellschaft ... . Da war nichts von dem groben, aber kernigen Wesen der Landbevölkerung, welches man selbst in den ärmsten Verhältnissen findet, so wie ich sie in Bayern gerade verlassen hatte. Das Volk auf der Ceres *hatte nichts als eine ängstliche, servile Neigung, ohne Gefahr für den eigenen Leib zu laufen und diesem, wenn irgend möglich, einen Vorteil zu sichern.*

Demgegenüber vermitteln die Aufenthalte in den Hafenstädten eine Einsicht, die für Hernsheims spätere Erfolge entscheidend sein wird. In der Begegnung mit Fremden erkennt Hernsheim bald, wie sich im Zusammenspiel der Völker das Geschick der Menschen besonders deutlich herauskristallisiert:

In Singapur war die Ladung von der Mannschaft in Gemeinschaft mit nackten Indern gelöscht worden. Ich weiß noch, wie ich diese schwarzen Kerle damals beneidete um ihre Gewandtheit, ihre kühle

---

[1] Erstveröffentlichung: *Adventures of a Younger Son*. London: Colburn and Bentley, 1831.

Ausdauer und ihre Sprache, die so geschmeidig klang gegenüber dem von uns an Bord der Ceres *gesprochenen Plattdeutsch. In Hongkong waren es die Chinesen, die mich mächtig interessierten. Am liebsten hätte ich das Schiff verlassen und wäre auf einer der uns umkreisenden Dschunken den Fluß hinauf weit ins Innere des wunderbaren Landes gefahren, das all diese Schätze hervorbrachte, die es in der Stadt zu sehen gab. Eine Mahlzeit an Bord der Dschunken, bestehend aus gewaltigen Reismassen und zierlich mit Chowstäbchen zum Munde geführten Delikatessen, verglich sehr zu ihrem Vorteil mit unserer derben und ungesunden Kost, wie sie an Bord eines Hamburger Kauffahrteischiffes gereicht wurde. Und auch sonst war bei diesem Volke alles praktischer eingerichtet, von der bequemen Kleidung der Menschen, die nicht wie wir in dicken Wollhemden vom Hitzeschlag zu leiden hatten, bis hin zu den Wohnungsverhältnissen in den luftigen Räumen auf dem Achterdeck der chinesischen Sampane und anderen Fahrzeuge.*

Das luxuriöse Leben der Kaufleute in Hongkong, die die Kronkolonie als Handelstor zu den pazifischen Inselgruppen auszunutzen wissen, ist Hernsheim während des Aufenthalts ebenfalls nicht entgangen. Südsee-Produkte wie Bêche-de-mar[2] und Schildpatt finden zur Mitte der 1860er Jahre in China reißenden Absatz. Wagemutige Pioniere haben den Handel mit Tropenhölzern in Angriff genommen. Abenteurer in den Logierhäusern schwärmen von der perfekten Naturperle, mit deren Fund – ein einziger genügt – sie finanziell ausgesorgt hätten. Schrecken und Gefahren, die von den Unternehmungen abhalten könnten, kommen in den Stadtgesprächen kaum vor. Interessanterweise ist es aber dann ein Schiffsunglück, das Hernsheims Entscheidung, sich in allen folgenden Jahren der Inselwelt des Pazifik zu widmen, fest werden läßt.

Unmittelbar nach der Rückkehr nach Hamburg geht Eduard Hernsheim bei einem Segelmacher in die Lehre. Gleich darauf besucht er

[2] rauchgetrocknete Stachelhäuter (verschiedene Holothurienarten), die insbesondere in Hongkong als Delikatesse gehandelt wurden

die Seemannsschule in Kiel und besteht dort im November 1867, als Zwanzigjähriger, das Examen zum Kapitän. Im Anschluß an eine Afrika- und zwei Amerikafahrten läßt ein Onkel einen Schoner für ihn bauen. Kurz vor dem Wintereinbruch 1871 geht bei Jacob Steffen in Lübeck der *R. J. Robertson* vom Stapel. Nach einer Jungfernfahrt nach Cardiff erreicht Hernsheim in hunderttägiger Reise wieder Hongkong. Es folgen zunächst einige kleinere Fahrten zwischen Asien und Australien.

Am 3. Juli 1873 verläßt der *R. J. Robertson* schließlich den Hafen von Foochow[3] mit einer Ladung Tee für Adelaide. In der folgenden Nacht, als der Schoner das Ostchinesische Meer durchquert, um die Philippinensee zu gewinnen, ist die Luft so unwirklich klar, daß Hernsheim und seine Offiziere auf- oder untergehende Sterne für Leuchtfeuer halten. Die Venus kann durch eine Spiegelung sogar unterhalb des Horizonts gesehen werden.

Alle diese Erscheinungen als Vorboten eines Taifuns sind Hernsheim wohlbekannt. Um sich von den Klippen der westlich gelegenen Meiacosimagruppe[4] freizuhalten, entscheidet Hernsheim, im aufkommenden Sturm unter Segel zu bleiben. Innerhalb von fünf Tagen ist der Wind dann aber zu solcher Heftigkeit angewachsen, daß auch die letzten von ihnen gestrichen werden müssen:

Doch das Kommando wurde mir erspart, denn in diesem Augenblicke erhob sich plötzlich eine überaus hohe See, recht unter dem Bugspriet; das ganze Vorderteil des Schiffes war einen Moment unter Wasser, und Klüverbaum, Vormars- und Bramstangen brachen ab wie Schwefelhölzchen. ... Der Wind war noch immer Ost und inzwischen zum wütendsten Orkan angewachsen. Die ganze Luft war voll Wasserstaub, so sehr, daß man sogar mit dem Rücken gegen den Wind atmen mußte. Auf dreißig Fuß Distanz war der Großmast nicht mehr zu sehen, doch gerade über uns erschien das blasse Bild der Sonne zuweilen hell und klar.

In den folgenden Stunden spült die aufgewühlte See zwei Matrosen über Bord, das Ruder reißt ab und eine Orkanwelle schleudert Hernsheim auf das Großdeck, an dem er sich zwei

---

[3] heute: Fuzhou
[4] heute: Miyakojimagruppe

Zähne ausschlägt. Am 11. Juli 1873, zum Ende eines verzweifelten Kampfes, treibt der *R. J. Robertson* mit noch acht Überlebenden auf die Insel Typinsan[5] zu. Kurz vor dem Außenriff im Süden gelingt es, zwei Anker zu werfen und das Wrack zu halten.

Die Löcher und Sprünge wurden gut geteert und mit Segeltuch übernagelt. Ich hatte inzwischen den Strand durch das Fernrohr beobachtet und entdeckte auf einmal zu unserer größten Freude einen Menschen, der am Strand hin- und herlief. Aufmerksam blickten wir nun dahin und ließen unsere größte Flagge, an einem langen Bambus gebunden, weit auswehen. Da sahen wir etwas Schwarzes auf dem Wasser, es kommt näher und näher, schon können wir die Ruder unterscheiden, es ist ein Kanu. Hinter dem Schiff legt es an, und fünf braune Gestalten kommen heraus auf das Riff, auch sie haben einen Bambus mit einem Stücke blauen Tuches darum, und damit winkend, gehen sie auf dem Riffe bis an die Brandung.

Als die See sich beruhigt hat, kommt ein zweites Kanu heraus, um die Besatzung an Land zu retten. Von der Bevölkerung werden die Schiffbrüchigen auf das Gastlichste aufgenommen und über vierzig Tage lang verpflegt. Der höchste Mandarin der nördlichen Loochowinseln[6] schenkt Eduard Hernsheim schließlich eine Dschunke, auf der dieser mit seinen Leuten eine Überfahrt nach Formosa[7] bewerkstelligen kann. Von dort bringt ein Passagierdampfer die Gruppe nach Hongkong zurück.

So unwahrscheinlich es klingt: Es ist nicht die glorreiche Rettung und die überaus freundliche Aufnahme auf Typinsan, sondern ausdrücklich die »Katastrophe« des Schiffsuntergangs, die Hernsheim nun dem pazifischen Raum näherbringt. Zur nächsten Jahreswende reist er nach Singapur und kauft dort den 100-Tonnen-Schoner *Coeran*, um ihn mit Tauschartikeln wie Bandeisen, Klappmessern, buntem Tuch und Glasperlen zu beladen. Über den Tisch in der Kapitänskajüte heftet Hernsheim einen Vers aus der Aeneis,

[5] heute: Miyako(jima)
[6] heute die Ryukyu-Kette
[7] heute: Taiwan

der seinen Blick auf das Vergangene und dessen Bedeutung für die Zukunft dokumentiert: »*Tu ne cede malis, sed contra audentior ito.*« – »Wenn dir Schlimmes widerfährt, dann gib ihm nicht nach, sondern, im Gegenteil, versuche es erst recht.« Immerhin, die Aussichten dafür scheinen glänzend: Zinnlager auf der Malaiischen Halbinsel sind inzwischen entdeckt, auf Sumatra blüht der Tabakbau. Paradiesvogelscharen flattern in den Urwäldern auf Inseln der Arafurasee.

Im Januar 1874 steuert der *Coeran* von Singapur nach Südosten; doch schon in der Floressee wird Hernsheims neuer Wahlspruch auf die Probe gestellt. Die in Hongkong gewonnene Einsicht vom Geschick der Völker bewahrheitet sich auf unwillkommene Art:

Hunderte von kleinen, nur von Celebes-Eingeborenen bemannte Schiffchen kreuzten zwischen diesen Inseln und kauften in winzigen Quantitäten jene Produkte zusammen, für welche meist schon ein Vorschuß gegeben war und bereits so hohe Preise gezahlt wurden, daß für mich, der ich wohl fünfzigmal größere Unkosten auf meinem vollbemannten Schiffe hatte, ein Wettbewerb unmöglich war.

In Dobbo auf den Arruinseln fand ich eine ganze Flotte von kleinen Schiffen und hatte es wohl nur dem Umstande zu verdanken, daß die Dorfältesten mein mit Kanonen bewaffnetes Schiff für eine Art Kriegsschoner hielten, so daß man mich unbehelligt meine Touren ins Innere machen ließ. Guttaperchawälder oder wenigstens -bäume hatte ich vergeblich zu entdecken gehofft; und auch die Jagdausbeute war gering. Sie beschränkte sich auf bunte Papageien und Loris.

Es bleibt nur die Flucht nach vorne – in den bisher noch wenig frequentierten Teil des Pazifik hinein. Auf den Asiainseln gelingt Hernsheim ein erstes lohnendes Geschäft. Gegen Baumwolltuch nimmt er »einige hundert Pfund« Schildpatt an Bord. Erst vor Palau, der westlichsten Insel der Karolinen, lichten sich die Verhältnisse dauerhaft. Nach langen Verhandlungen mit dem Bezirksherrscher Abbathule ersteht Hernsheim ein Grundstück auf der Hafeninsel Malakal, um dort eine Station für ein permanentes Geschäft zu errichten. Die Insel wird von den Einheimischen gemieden, weil auf ihr der Geist des berüchtigten Kapitän Cheyne umgehen soll, den ein Vorgänger Abbathules wegen Waffenlieferungen an feindliche Bezirke hat hinrichten lassen. Unter den Handelskapitänen des Westens gilt Malakal seitdem als sicher. Ein Untersteuermann Hernsheims bleibt als Stationsleiter zurück.

Am Umkehrpunkt der Reise, auf dem Hermitatoll am Westrand des späteren Bismarckarchipels (bis 1884 noch Neubritannienarchipel), gewinnt Hernsheim den Engländer Tom Shaw für seine Geschäfte, einen gebürtigen Liverpooler, der sich zu einem seiner treuesten Südsee-Agenten entwickeln wird. Das Atoll erreicht der *Coeran* gleichzeitig mit dem englischen Kriegsschoner *Alacrity*, dessen Kommandant Lieutenant Saunders die Ermordung eines Kapitän Bird klären soll. Trotz Saunders' Bitte um Unterstützung beteiligt sich Hernsheim an den Untersuchungen aber nur insoweit, als es seine Solidarpflicht als Europäer unbedingt erfordert. Als Saunders zuletzt einen Strafzug befiehlt und seine Marinesoldaten damit beginnen, ein Dorf in Brand zu setzen, scheidet Hernsheim aus den Aktivitäten aus, weil es ihm jetzt wie später »immer« darum geht, mit Südsee-Insulanern in ein »gutes Vernehmen« zu kommen. Auf der Sandbank Manofe in der Lagune des Atolls verbringt Hernsheim anschließend eine Nacht auf Tom Shaws Station und wird dort zum Zeuge eines Tsunami:

Ich hatte mein Lager auf dem mit Matten bedeckten Fußboden von Tom Shaws Wohnhaus aufgeschlagen und war infolge der Anstrengungen des Tages bald eingeschlafen. Gegen Mitternacht wurde ich plötzlich durch den Ruf: »Eine Flut, eine Flut!« geweckt, und während ich aufsprang, bemerkte ich, daß ich im Wasser gelegen hatte. Es war dies die in jenen Teilen der Südsee schon mehrfach aufgetretene Erscheinung einer plötzlichen Flutwelle, welche die ganze Insel in wenigen Minuten unter Wasser setzte. Erst viel später hörte ich, daß die jetzige Flutwelle eine Folgeerscheinung eines an der Westküste Südamerikas stattgehabten, schweren Erdbebens war. Glücklicherweise hielt die Überschwemmung nicht lange an, das Wasser war gegen Morgen schon wieder unter das Niveau der Insel gesunken.

Beunruhigend an der Flutwelle ist für Hernsheim nicht allein das Ereignis selbst, sondern besonders auch, daß

die Eingeborenen ... diese Erscheinung mit der unliebsamen Ankunft eines Kriegsschiffes in Verbindung gebracht haben [werden],
die wiederum eng mit der Ankunft des *Coeran* in Verbindung steht. Sollte dies die Geschäfte mit den Leuten auf dem Hermitatoll erschweren oder gar unmöglich machen, wird Hernsheim es einmal mehr erst recht versuchen müssen.

*

Anfang 1883 besitzt die Hamburger Firma *Robertson & Hernsheim* drei Faktoreien auf Inseln der Karolinen sowie ein größeres Stück Land bei einer der Faktoreien für den Aufbau einer Plantage. Hernsheims Cousin Henry Robertson ist den Geschäften mit einem Eigenkapital von 600.000 Mark beigetreten und hat so bedeutende Erweiterungen möglich gemacht. Auf der östlich gelegenen Marshallgruppe betreibt das Handelsunternehmen seit neuestem sieben Faktoreien unter einer Hauptverwaltung im Dorf Jaluit. Im weiterhin wenig frequentierten, späteren Bismarckarchipel besitzt die Firma sogar 20 Plätze mit Stationen, darunter die Hauptstellen Nusa, Kapsu und Matupi. Hauptexportartikel ist die Kopra, das entweder sonnen- oder in Darren getrocknete Fruchtfleisch der Kokosnuß, das den steigenden Bedarf des Deutschen Reiches an pflanzlichen Fetten für die Herstellung von Margarine und Seife zu decken hilft.

Die große räumliche Ausdehnung der Firma hat auch die Anschaffung eines ersten, speziell für die Schiffahrtsverhältnisse der Südsee gebauten Dampfers *Pacific* nötig gemacht. Dank dieses Pionierprodukts westlicher Technik – und trotz häufiger Ausfälle – kann Hernsheim seinem deutschen Hauptkonkurrenten in der Südsee, der mächtigen Hamburger Reederei *Joh. Cés. Godeffroy & Sohn*, fast ein halbes Jahr lang das gesamte Geschäft im Nordwestpazifik streitig machen. Mit dem neuartigen Dampfer sind auch Rettungsaktionen möglich, die bisher als undenkbar galten. Kurz nach der Indienststellung vor Jaluit im Februar 1878 ...

... gelangte ich in die Ausläufer eines Wirbelsturmes und war gezwungen, vierundzwanzig Stunden lang beizudrehen, um in dem Schiffe, das sich übrigens vorzüglich hielt, die Gewalt des Sturmes vorüberziehen zu lassen.

*

An einem der nachfolgenden Abende war ich noch etwa 50–60 Meilen südlich der [Karolinen-]Gruppe, als ich auf der See etwas gewahr wurde, das sich beim Näherkommen als die Reste eines Kanus erwies, an die sich fünf Eingeborene geklammert hatten, dem schönen Wuchse nach Karoliner. Ich konnte diese Leute, die ganz erschöpft waren und bereits mehrere Tage im Wasser zugebracht hatten, an Bord nehmen. Mit heißem Tee und Reis gestärkt, erhielten wir sie alle am Leben. Sie waren von Uleai;[8] der Sturm hatte sie überrascht und vertrieben, und ohne den Zufall der Auffindung wären sie sicher ertrunken. Als sie am nächsten Morgen ihre Insel wieder vor sich liegen sahen und darauf rechnen konnten, die Heimat samt ihrer Angehörigen wiederzusehen, war ihre Freude unbeschreiblich.

Die Ankunft des *Pacific* vor Uleai zeigt den Leuten aber auch, daß ihre Rettung und die fortschrittlich schnelle Heimführung auf dem Dampfer einen Preis für sie haben:

Nachdem ich in der Lagune geankert hatte, hörte ich von einem alten Irländer, der hier für [Godeffroys] Handel trieb, daß der von mir gerettete Alte ein sehr hoher Häuptling sei. Ich konnte auch bald sehen, daß sowohl der Alte als auch seine Angehörigen und Untergebenen große Dankbarkeit für ihre Rettung empfanden. Einer meiner Leute, ein Engländer, war bereit hierzubleiben, um [eine] Station zu errichten. Dies erschien umso aussichtsvoller, als der Irländer sich ohne Konkurrenzneid sehr damit einverstanden erklärte, einen Kollegen auf der nur selten besuchten Insel zu bekommen. Im Triumph wurde mein Händler von einer Schar Kanus an Land begleitet. Auf einem von dem Häuptling abgetretenen, günstig gelegenen Stück Land nahm man sogleich den Bau der Station in Angriff.

Die Begeisterung der Südsee-Insulaner für moderne Industrie- und Halbwaren – vom Baumwolltuch bis zum Dampfer – nimmt Hernsheim in den folgenden Jahren als ein Hauptargument für ein Kolonialprogramm, das er 1886 im *Hamburgischen Correspondenten* und in einer privaten Druckschrift veröffentlichen läßt.[9] Industriell hergestellte Waren dienen laut Hernsheim einem weltweiten Fortschritt, eben weil sie so weit über ihren ursprüng-

---

[8] heute: Woleai
[9] 5., 6. und 7. Juli (Mittagsblatt). *Der Bismarck-Archipel und seine Zukunft als deutsche Colonie.* Hamburg: [Selbstverlag,] 1886.

lichen Bestimmungsort hinaus auch von »Naturvölkern« begehrt, benutzt und benötigt werden können. Im Unterschied zum *common sense* in Europa sieht Hernsheim in den Südsee-Insulanern aber keine unterentwickelten Rassen, die wegen ihrer vermeintlichen Zurückgebliebenheit unausweichlich dem Untergang entgegensehen müssen. Vielmehr ist Hernsheim überzeugt, daß dem Erwerb moderner Güter in der Südsee allmählich auch die Fähigkeit der Insulaner folgen wird, international nachgefragte Güter selber herzustellen, wobei der Prozeß gestützt werden kann durch eine zunehmende Zahl weißer Siedler auf den Inseln, unter deren Anleitung aus »wilden Menschenfressern« allmählich produktive Bürger werden. Zu den eindrucksvollsten, zugleich unfreiwillig komischsten Begegnungen in diesem Zusammenhang gehört Hernsheims Besuch auf den Gilbertinseln, wo ein entsprechendes Programm der Modernisierung bereits ohne jede Beihilfe von Europäern eingeleitet worden ist.

*

Die Bucht von Abatiku, in der Hernsheims *Pacific* im September 1878 vor Anker geht, wurde vom vormaligen Oberherrscher der Gruppe, Tem Baiteke, zum alleinigen Anlaufhafen erklärt. Nach der Ankunft eines fremden Schiffes erscheint seitdem ein Handelsrepräsentant an Bord, der dem Kapitän zunächst eine gedruckte Broschüre überreicht, die *Rules and Regulations of the Port*. Wenn Mannschaft und Kapitän später Inselprodukte kaufen, verständigt sich die Seite der Insulaner bloß flüsternd miteinander. Ein Abgeordneter des Königs, der fließend Englisch spricht, wacht über die Einhaltung des Hafenreglements. Sofort nach dem Abschluß der Geschäfte muß weitergefahren werden. Aus den *Rules and Regulations* erfährt Hernsheim auch, daß fremde Agenten auf den Gilbertinseln nur als Gäste geduldet werden – bei Androhung der Todesstrafe höchstens für ein halbes Jahr. Immerhin macht der neue *Pacific* aber soviel Eindruck, daß nach dem geschäftlichen Teil Prinz Tem Binoka, der nach der Abdankung seines Vaters jüngst König geworden ist, mit seinem Staatskanu an Bord kommt.

Auf dem Kanu befand sich eine Plattform, auf welche die zirka 500 Pfund wiegende Hoheit sich setzte, um damit an Bord des Schiffes heraufgehoben zu werden. Bei seinem ungeheuren Gewicht mißtraute der König den Schiffstreppen, von denen schon welche unter ihm gebrochen waren. Trotz seiner gewaltigen Formation und den Fleischmassen war der noch junge Herrscher ein eigentlich hübscher Mann mit klaren, aber durchdringenden, Ehrfurcht gebietenden Augen. Nur mit Mühe war er zu bewegen, in die auf dem Vorderdeck des Dampfers befindliche Kajüte zu treten, denn er war es gewohnt, auf dem Achterdeck eines Schiffes empfangen zu werden, und folgte mir deshalb erst nach vorne, nachdem er sich überzeugt hatte, daß hinten nur kleine Schlafräume vorhanden waren. ... Der König, der in schwarzem Anzug, grauem Zylinder und Lackschuhen an Bord des Pacific *erschienen war, hatte sich allmählich dieser für ihn unbequemen Kleidungsstücke entledigt und schien sich in den von seinen Bediensteten gereichten Pyjamas viel freier zu fühlen. Er kaufte für einige hundert Dollars Waren, besonders alles, was ihm neu war, zum Beispiel ein großes Schreibnecessaire mit Feder und Tintenfaß, eine Meerschaumpfeife und dergleichen mehr. Der verlangte Preis wurde auf seinen Wink hin von seinem Schatzmeister augenblicklich in bar erlegt. Eingehend erkundigte sich der König nach dem Wert des Dampfers und ließ sich denselben in Pfund Kopra umrechnen. Zwei Jahresernten seiner Inseln werden ihm aber doch zu hoch vorgekommen sein; und die Äußerung, daß er ja auch keine Kohlen habe und schon deshalb von einem Kaufe absehen müsse, scheint ihm eine große Erleichterung gewährt zu haben.*

Die Staatsbesuche Tem Binokas dienen einem durchaus umfangreichen Import von Waren; trotzdem sind sie unter den Handelskapitänen des Westens eher gefürchtet als beliebt. Denn nicht selten erstrecken sich die komplizierten Einkaufs-Operationen des Staatsoberhaupts über Tage, in denen der Herrscher sich von seinen Gastgebern mit reichlich Champagner und Havanna-Zigarren bewirten läßt.

In solchen und ähnlichen Handlungen erkennt Hernsheim bald die Strategien eines Alter Ego, das ganz wie er selbst es versteht, Menschen in die Hand zu bekommen und den eigenen Zwecken dienstbar zu machen. In der Bucht von Abatiku fühlt der stolze

Besitzer des *Pacific* sich machtlos und dampft schließlich ohne bleibendes Arrangement wieder ab.

Eine wirklich deutliche Schattenseite von Hernsheims Charakter zeigt sich jedoch erst in der Beziehung zu solchen Südsee-Insulanern, die sich für moderne Waren überhaupt nicht interessieren, sondern mit dem Stand ihrer Dinge zufrieden zu sein scheinen. Eine derartige, vermeintliche Bedürfnislosigkeit erregt nicht nur regelmäßig Hernsheims Ärger, sondern sie bildet auch jene Grenze, über die hinaus seine moralischen Prinzipien nicht mehr gelten. Da es für Hernsheim kein natürliches Paradies gibt, sondern durch Erfindergabe und Unternehmergeist aller menschliche Komfort erst geschaffen werden muß, handelt für ihn leichtfertig im Umgang mit der Natur nicht, wer sich der *techne* verschreibt und meint, es mit deren Produkten zu einem besseren Leben bringen zu können. Leichtfertig ist für Hernsheim vielmehr derjenige, der in den Früchten der Natur bereits alles sieht, was es auf der Erde an Leichtigkeit, Bequemlichkeit und Sicherheit zu erlangen gibt. Verletzbar ist für Hernsheim deshalb nicht die zivilisierte Welt, sondern in erster Linie diejenige der »Kinder der Natur«, die im Fall der Südsee durch eine Dürreperiode auf ihren Heimatinseln bereits derart bedroht sind, daß ihre Alternative zum Hungertod allein darin besteht, einen Raubzug gegen ihre menschlichen Nachbarn zu unternehmen und diese zu verspeisen.

Wer den fortschrittlichen Segnungen der Technik nicht auf direktem Wege folgen will, der wird deshalb von Hernsheim auf indirektem Weg dazu gezwungen – vor allem durch eine gezielte Einführung von Feuerwaffen oder Suchtmitteln (Alkohol und Tabak) in die Stammesverbände. In hartnäckigen Fällen wie dem Bismarckarchipel werden von Hernsheims Händlern sogar »Rauchschulen« gegründet oder vorab Waffen an Stammesfeinde verteilt.

Welchen Stellenwert wir technisch-fortschrittlichen Errungenschaften heute, knapp hundertfünfzig Jahre später, einräumen können, das läßt sich wohl am besten an einer weitergeführten Beschreibung genau dieser Zwänge und Abhängigkeiten ablesen, die im 19. Jahrhundert neben der Einschleppung von Krankheiten eine der krassesten Negativseiten westlicher Imperialherrschaft im pazifischen Raum gebildet haben. Bis auch die Gilbertinseln 1892 unter englischen Schutz gestellt werden, bleibt diese Gruppe die einzige, die sich der politischen Aufteilung des Stillen Ozeans unter den Kolonialherren, zuletzt auch dem Deutschen Reich, widersetzen kann. Die Zunahme moderner Güter im Königshaus zu Apamama ist zwar beachtlich – Robert Louis Stevenson nennt Tem Binokas Schätze den »Alptraum eines [jeden] Sammlers« –, doch in die Bevölkerung dringt von diesen Einflüssen nichts. In treuer Nachfolge seines Vaters verliert auch Binoka keinen einzigen seiner Untertanen im sogenannten Arbeiterhandel, der oft zwangsweisen (wenn auch bezahlten) Rekrutierung von Insulanern durch europäische Kapitäne zur Anstellung auf Plantagen auf anderen Inseln oder in der australbritischen Kolonie Queensland. Der Konsum von Alkohol und Tabak ist im Reich Binokas tabu; auch die Missionsarbeit steht unter Verbot, weil sie nach Ansicht des Herrschers die Meinungsvielfalt im Inselstaat in bloß unguter Weise fördert. »Very good I King«, erklärt Binoka einem europäischen Besucher, »one man, one talk.«

Demgegenüber zeigt sich das Mißmanagement der 1884 gegründeten *Neuguinea-Kompagnie*, die gegen unternehmerische Vergünstigungen die Verwaltungsaufgaben im ersten deutschen Südsee-Schutzgebiet »Deutsch-Neuguinea« mit übernommen hat, in jeder nur denkbaren Weise. Der von der Kompagnie zum Richter ernannte Assessor Schmiele ist laut Hernsheim ein »kleiner Napoleon«, dem jedes Wissen über einen Umgang mit Streitigkeiten zwischen Einheimischen und deutschen Ansiedlern fehlt. So mißbraucht Schmiele laut Hernsheim die Kaiserliche Marine als Exekutive, um preußisches Recht in Sozialverbänden durchzusetzen, die von angesehenen Naturforschern kurz zuvor noch als »steinzeitlich« beschrieben wurden. Sowohl die Hauptniederlassung der neuen Kompagnie als auch die administrative Verwaltung werden im jüngst ausgerufenen »Kaiser-Wilhelmsland« an Orten angelegt, die Kenner als vollkommen ungeeignet für eine

Besiedelung bezeichnen. Im pazifischen Winter 1891 gipfelt dies in einem Ausbruch von Malaria im deutschen Südsee-Schutzgebiet, dem ein Großteil der Kompagnie-Angestellten zum Opfer fällt. Von seiner Hauptstelle auf Matupi, dem einzigen Ort, der vom Fieber verschont bleibt, schreibt Hernsheim zur Mitteilung an das Außenministerium:

In [der Hauptstadt] Finschhafen ist allen Ernstes die Pest ausgebrochen und es bleibt von Lebendigen nur, wer muß. ... Der [Kaiserliche] Kommissar ist mit einem Drucker und einigen Handwerkern, die die Häuser nun abbrechen sollen, allein. In Stephansort, wohin der Sitz verlegt werden soll, grassiert Ruhr und Cholera; der Direktor der Kakaoplantage mit seiner Familie soll zum Gerippe abgemagert [sein]; von 76 Chinesen waren bei Anwesenheit der Ysabel noch 40 am Leben.

In der ohnehin angespannten Situation verschärfen sich auch die Konflikte mit den Einheimischen. So sind bei früheren Streitigkeiten zwar immer schon Handelsstationen abgebrannt, Koprahäuser samt ihrer Ware zerstört und weiße Händler erschlagen worden. Doch mit dem aus Berlin fehlgeleiteten Aufbau der *Neuguinea-Kompagnie*, ihrer Administration und ihrer wirtschaftlichen Tätigkeit, gewinnt dieser Widerstand eine neue, politische Dimension. Am 27. Juli 1891 berichtet Kommissar Rose an Reichskanzler Caprivi von bisher ungekannten »Unruhen« unter den Papuas, wobei ihn die neuartigen Vorgänge derart verwirren, daß er selbst elementare Fakten nicht mehr in den Griff bekommt: Es sei nun »zum ersten Male« das Blut eines Weißen geflossen.

Eduard Hernsheim hält nicht nur die Erlaßwut der Berliner Kolonialabteilung, sondern auch die Großmannssucht der auf Neuguinea stationieren Angestellten für verfehlt und blockiert deren Aktivitäten, wo er nur kann. So beklagt sich Rose bei Caprivi auch bitterlich über das Verhalten eines Kapitäns Herbing bei dessen Besuch mit SMS *Sophie* im Schutzgebiet. Der Kommandant

traf hier in Finschhafen ein, wie ich den Eindruck hatte, vollständig fertig mit seinem Urteil über Kaiser-Wilhelmsland, welches er noch nie gesehen hatte ... Woher die unfreundliche Stellungnahme ... stammte, konnte mir nicht zweifelhaft sein, hatte [Herbing] doch zunächst mehrere Tage im

Hafen von Matupi gelegen[, um Kohlen aufzufüllen,] und, trotzdem es sich um den ersten Besuch bei der neu organisierten Verwaltung handelte, den Kaufmann Eduard Hernsheim an Bord, den ... prinzipiellen geschworenen Feind der ... Landesverwaltung ...

Hernsheims Vorwürfe gegen die *Neuguinea-Kompagnie* sind insgesamt vernichtend. Für ihn ist das Unternehmen nicht mehr als eine spekulative Geldmaschine, die allein angeworfen wurde, um einigen wenigen in der Heimat reiche Gewinne zu verschaffen. »Am meisten« zählt für Hernsheim hierzu der Berliner Bankier und Direktor der Kompagnie, Adolph von Hansemann. Während eines Europabesuchs im Sommer 1886 hat Hernsheim ihn »fest davon überzeugt« gefunden, daß »seine Unternehmungen im Schutzgebiet auf bestem Wege des Gelingens seien«; doch in Sorge um die deutschen Siedler und Kompagnie-Angestellten hat Hernsheim bei von Hansemann nur umso eindringlicher davor gewarnt, daß aus den Absichten der Gesellschaft ein ähnliches Desaster hervorgehen würde wie aus den unsauberen Plänen des französischen Marquis de Rays, der Kolonisten blühende Landschaften im Pazifik versprach, während die meisten von ihnen dann an der Südspitze Neuirlands – einer Insel im Kern des Bismarckarchipels, gleichsam vor Hernsheims Augen – kläglich verendet oder mit letzten Mitteln nach Australien weitergezogen waren.

Hernsheim und von Hansemann sind wie Wasser und Öl. Ihre Begegnung ist kurz, ihr Abschied endgültig:

Von der Höhe seiner großartigen Projekte sah er auf unsere seitherigen Anstrengungen und Erfolge nur geringschätzig hinab. Die Inseln des Bismarckarchipels [auf denen Robertson & Hernsheim *ihre Gewinne erzielten] waren seiner Gesellschaft nur ein Anhängsel, das man mitzunehmen gedachte, während das gewaltige Areal Neuguineas das Hauptziel der neuen Bestrebungen sein sollte. Dort sollten Städte gegründet und von da aus die ganze Verwaltung eingerichtet werden. Diese schien darauf hinauszulaufen, zu hohen Preisen an freiwillige Ansiedler Land und Gerechtsame zu verkaufen. Vergebens hatte ich auf die furchtbare Gefahr des Klimas und auf alle sonstigen Schwierigkeiten in dem noch gänzlich unbekannten Lande hingewiesen. ... Meine Vorstellungen, daß auf diese Art und Weise niemals ein Erfolg zu erwarten sei, schlug [von Hansemann] in den Wind und entließ mich schließlich mit der Bemerkung: »Nun, es ist ja nicht Ihr Geld, was ausgegeben wird.«*

Da auch Henry Robertson die pessimistische Auffassung Eduard Hernsheims teilt, konzentrieren sich die Partner vorübergehend auf ihre Aktivitäten in der Marshallgruppe, die außerhalb des politischen Einflußbereiches der *Neuguinea-Kompagnie* liegt. Mit dem früheren Hauptkonkurrenten Johan César VI. Godeffroy schließen sie einen Vertrag ab, um die jeweiligen Handelsinteressen auf den Inseln (und den Karolinen als Einzugsgebiet) in einer neuen *Jaluit-Gesellschaft* zusammenzulegen. In die vereinten Geschäfte wird auch die indigene Oberschicht der Marshallgruppe einbezogen, weshalb die Firma unerwartet schnell an das Erfolgsmodell der Gilbertinseln anknüpfen kann. Dank der bereits vorgefundenen hierarchischen Organisation in den Stammesverbänden stabilisieren sich die Verhältnisse rasch. Einfache Insulaner werden durch diese Neukombination ökonomischer und politischer Zwänge zwar weiterhin unterdrückt (wenn auch nicht im selben Maß wie unter den tradierten Herrschaftsformen), doch bringen es nicht nur weiße Teilhaber, sondern auch eine ganze Reihe von Mitgliedern aus den einheimischen Eliten zu ansehnlichen Vermögen. Im Unterschied dazu hinterläßt die *Neuguinea-Kompagnie*, als sie die Verwaltung des Schutzgebietes im April 1899 an das Reich zurückgeben muß, sowohl wirtschaftlich als auch politisch einen Scherbenhaufen.

*

Eduard Hernsheims persönliche Tätigkeit im Stillen Ozean endet an den Grenzen der Natur. Bloß ein einziges Mal, während seines zehnmonatigen Aufenthaltes auf der Insel Matupi 1883-84, spürt er den Zauber der Südsee:

Mein Verhältnis zu der etwa tausend Köpfe zählenden Bevölkerung dieser kleinen Insel war ein durchaus gutes. Inmitten ihrer fröhlichen, wenn auch etwas geräuschvollen Nachbarschaft fühlte ich mich vollständig

sicher. Zwischen der Insel und den Bergen »Mutter« und »Südtochter«
auf dem angrenzenden Festlande lag ein von allen Winden vollständig
geschützter Hafen mit Raum für eine ganze Flotte von großen Schiffen
und Tiefen von 5-25 Faden. Die Beleuchtung der Berge am Abend, wenn
das Grün der Lagune langsam durch Rot zum tiefen Violett hinunterging
und in der klaren Luft jeder einzelne Baum sich von dem Hintergrunde
abhob, machte die Gegend zu dem schönsten landschaftlichen Bilde, das
mir je vor Augen gekommen sein wird. Besonders im Jahre 1883 waren
diese Farberscheinungen überwältigend großartig. Ich hörte später, daß
dies seinen Grund darin hatte, weil an der Sundastraße, also tausende von
Meilen entfernt, der gewaltige Ausbruch des Vulkans Krakatoa statt-
gefunden hatte, der die ganze Atmosphäre bis in unermeßliche Höhen mit
seinem kosmischen Staube erfüllte, welcher durch Brechen des Lichtes
diese wunderbaren Farbenreflexe erzeugte.

Von der Malariaepidemie 1891 bleibt die Insel zwar verschont, weil
die den Virus übertragende Anophelesmücke dort nicht vorkommt.
Doch macht das »mörderische Klima« im Bismarckarchipel einem
Europäer auch ohne Erkrankung schon derart zu schaffen, daß
Hernsheim bereits im pazifischen Sommer 1879 zu einer Kur nach
Australien in die Blue Mountains reisen muß. Gut ein Jahrzehnt
später ist das ›schöne Naturbild‹ von 1883/4 dann ganz ins Gegenteil umgeschlagen. Ein weiteres Mal zurück aus Europa, arbeitet
Hernsheim, der die Geschäfte im Bismarckarchipel wieder aufgenommen hat und neuerdings alleinverantwortlich unter *Herns-*
heim & Co betreibt, sich ab Dezember 1890 in die Gewinnzone hinein. Trotzdem muß er feststellen,

daß ich den Anforderungen des Klimas und der geschäftlichen Arbeit
nicht mehr gewachsen war. Ich zog mich zwar ganz zurück und brach
beinahe allen Umgang mit den übrigen Ansiedlern ab, wurde aber trotz
frugalstem Lebens immer weniger leistungsfähig. Mein Befinden wurde
noch verschlechtert durch nervenstörende, fortwährende Erdbeben und
unheimliches unterirdisches Getöse, das auf einen erneuten Ausbruch des
Vulkanes hinzudeuten schien, der meinem Hause gerade gegenüberlag.
Gegen Ende des Jahres wurden diese Erdstöße so stark, daß die letzten
meiner Angestellten ihre Verträge kündigten und mich verließen. Abge-

sehen von den Eingeborenen waren mein Commis, einige Chinesen und ich für Monate die einzigen Bewohner von Matupi. Ob meine Gesundheitsverhältnisse mich schwarzseherisch gemacht hatten, oder ob umgekehrt die unheildrohenden, aufregenden Naturerscheinungen einen schlechten Einfluß auf mein Nervensystem ausübten, ist schwer zu entscheiden. Tatsache war, daß ich damals mein Motto: »Tu ne cede malis, sed contra audentior ito« vergessen hatte und von einer unerklärlichen Angst gepackt wurde. Täglich lebte ich in Erwartung des vulkanischen Ausbruches und des Unterganges meiner Insel. Obwohl die gewaltigen, von donnerndem Getöse begleiteten Erdstöße und Erschütterungen nur wenige Sekunden dauerten, glaubte ich doch jedesmal, es müsse nun das Ende kommen, um dann, nachdem die Erscheinungen vorüber waren, sofort wieder ruhig zu werden. Man ist wohl von Jugend her gewohnt, die Erde als etwas Feststehendes, als die »Terra firma« zu betrachten, und es scheinen uns alle Existenzbedingungen zu fehlen, wenn diese Ansicht in Frage gestellt wird.

Durch einen Schlaganfall zusätzlich getroffen, verläßt Eduard Hernsheim am 14. April 1892 die Südsee für immer. Sein Geschäft, das er dem Neffen Max Thiel übergibt, verläuft nun in ruhigen Bahnen. Als *Hernsheim & Co* im Jahr 1909 dank wachsendem Erfolg zur Aktiengesellschaft refirmieren, wird Hernsheim, der nach seiner Rückkehr in Hamburg lebt, in den Aufsichtsrat gewählt. Bis zu seinem Tode am 13. April 1917 bleibt er dessen Vorsitzender.

Für die meisten der Händler Eduard Hernsheims geht der Wunsch, es auf den Inseln des Stillen Ozeans zu einem Vermögen zu bringen, dagegen nicht in Erfüllung. Fast alle sterben sie an Malaria oder verenden schleichend, dem Trunke ergeben. Ob die Leute von Uleai, die der *Pacific* gerettet hat, durch ihren späteren Einkauf von Angelhaken, Beilen, Klappmessern, Fernrohren und bedruckten Tuchen tatsächlich glücklicher geworden sind, läßt sich kaum entscheiden. Ebensowenig, wieviel an Humanität es in der Südsee heute wohl gäbe, wäre sie von Europäern niemals durchsegelt worden. Statt dessen mündet Eduard Hernsheims Splitter Pazifikgeschichte in eine andere Frage: Wie wir uns heute zu fortschrittlichen Industrieprodukten stellen sollen, von denen wir meinen, wir müßten sie unbedingt besitzen.

*

Zitiert wird aus einer redigierten Fassung der Lebenserinnerungen Eduard Hernsheims, enthalten in: Eduard Hernsheim, Südseekaufmann: Gesammelte Schriften, *Münster: MV-Wissenschaft, 2014/15. Weitere Zitate stammen aus den Akten der Kolonialabteilung des Auswärtigen Amtes bzw. des Reichskolonialamts, verwahrt im Bundesarchiv Berlin-Lichterfelde, Bestand R 1001. Der Untergang des* R. J. Robertson *ist beschrieben in Eduard Hernsheims Tagebuch vom 3. Juli bis 16. August 1873, enthalten in: Eduard Hernsheim,* Südseekaufmann .... *Das Leben und die politischen Leistungen der Oberherrscher Tem Baiteke und Tem Binoka schildert H. E. Maude in Deryck Scarr et. al. (Hgg.),* Pacific Islands' Portraits, *Canberra: Australian National University Press, 1970, S. 201-224. Hernsheims erster Aufenthalt auf der Inselgruppe ist dokumentiert in einem abschriftlichen Auszug seines Tagebuchs, enthalten in Franz Hernsheim,* Südsee-Schriften: Lebenserinnerungen und Tagebücher, *Hamburg: tradition, 2019, S. 192-196. Weiteres zur Abwicklung des Außenhandels in der Bucht von Abatiku findet sich in A. M'L,* »A Trading Voyage among the South Sea Islands«, Leader *(Melbourne), 9. Mai 1874, S. 25ff. Mein besonderer Dank gilt der Mitchell Library in Sydney, ohne deren hervorragende Bestände dieser Beitrag nicht möglich gewesen wäre.*

Überarbeitete, aktualisierte und teilweise verbesserte Fassung, Oktober 2022. Erstveröffentlichung in: *Eremitage: Zeitschrift für Literatur*, Nr. 12 (2006), »Fortschritte: Mensch, Natur, Technik«, S. 33-52.

IMPRESSUM

Rechte und Inhalte Dritter sind als solche gekennzeichnet. Trotz sorgfältiger
Recherchen waren nicht alle Rechteinhaber der zitierten / veröffentlichten
Texte / abgedruckten Photographien, Karten oder Illustrationen zu ermitteln.
Nicht angefragte Rechteinhaber bitten wir gegebenenfalls, sich über
post@die-suedsee-bibliothek.org mit uns in Verbindung zu setzen.

Bibliographische Information der Deutschen Nationalbibliothek:
Die Deutsche Nationalbibliothek verzeichnet diese Publikation in
der Deutschen Nationalbibliographie; detaillierte bibliographische
Daten sind im Internet über http://dnb.d-nb.de abrufbar.

Jakob Anderhandt
Abenteuer, Technik, Fortschritt …
erscheint als Kurzbeitrag Nr. 1 der Schriftenreihe
Die Südsee-Bibliothek
bei tredition GmbH, Ahrensburg
www.tredition.com
© 2023 der vorliegenden Ausgabe

© 2006/2022 Jakob Anderhandt
Lektorat und Korrektorat: Pauline Smith
Umschlag, Satz und Illustration: Pauline Smith
Bildnachweis Titel: Archiv des Autors
Druck und Distribution im Auftrag: tredition GmbH
An der Strusbek 10, 22926 Ahrensburg

ISBN 978-3-347-74922-1 (Paperback)
ISBN 978-3-347-74926-9 (eBook)

MIX

Papier | Fördert
gute Waldnutzung

FSC® C083411

Zeitfracht Medien GmbH
Ferdinand-Jühlke-Straße 7
99095 Erfurt, Deutschland
produktsicherheit@kolibri360.de